D0841014

loqueleo

El mejor
es mi papá

Georgina Lázaro León
Ilustraciones de **Marcela Calderón**

loqueleo

A Mami, que por darnos más,
nos dio el mejor papá.

GEORGINA LÁZARO LEÓN

A mi papá: la presencia que
trasciende las ausencias.

MARCELA CALDERÓN

Había una vez y dos: tres.
Así comienza mi cuento.
Cuatro, cinco y seis después.
Escúchalo muy atento.

Cuentan y siguen contando
y no paran de contar
que allá en un reino lejano,
o cercano, ¡qué más da!,
los hijos puestos en bandos
no podían dejar de hablar.
Estaban considerando
cuál sería el mejor papá.

Unos hablaban primero,
otros hablaban después.
Desde afuera, desde adentro,
al derecho y al revés.

Uno hablaba a su manera,
otro hablaba muy cortés.
Unos llevaban banderas,
otros, solo el interés.

Sobre una piedra del río
con tono suave y risueño
y con gesto muy bravío
dijo un coquí bien pequeño:

"Me canta toda la noche
y no se cansa jamás.
Solo repite mi nombre;
el mejor es mi papá".

Justo al lado del sembrado
se oyó la voz de un polluelo
que buscaba con cuidado
un gusanito en el suelo.

"Mi papá también me canta y
de una forma especial.
Me despierta en las mañanas.
El mejor es mi papá".

Y entonces dijo un lorito
que en un árbol se encontraba:
"Mi papá es un erudito
y su amor por mí no acaba.
Con su pico, que es muy fuerte,
un hueco en un árbol hace.
Allí me cuida y por suerte
mi hambre también satisface.

"En la tarea de empollarme
se turnaba con Mamá.
Lo repito sin cansarme:
el mejor es mi papá".

Un pingüino que en la nieve
muy distante se encontraba
quiso hablarnos, fue muy breve,
ya que su voz tiritaba:

"Mi mamá puso mi huevo
sobre los pies de Papá
y él por dos meses enteros
lo protegió sin fallar.

"Así me dio su calor
y no se movió jamás.
¡Cuánto cuidado y amor!
El mejor es mi papá".

Escondido tras un árbol
dijo un lobito muy triste:
"Todos piensan que él es malo,
que más cruel que él no existe.
Sin embargo no es así;
conmigo ha sido muy bueno.
Desde el día en que nací
me brindó su amor sin freno.

"Cuando yo era muy pequeño
para mí se iba a cazar
y digería mi alimento.
El mejor es mi papá".

Una luciérnaga hermosa
que por los aires volaba
dijo con su voz mimosa,
dijo con su voz pausada:

"Con su luz fosforescente
me alumbra en la oscuridad.
Lucecita roja o verde,
el mejor es mi papá".

Cantando dijo un chorlito:
"Mi papá es inteligente,
y cuando se acerca al río
alguna mala serpiente,
él la distrae con sus gritos
para alejarla de acá.
Por eso es mi preferido.
El mejor es mi papá".

Un caballito de mar
quiso exponer su opinión
y enseguida empezó a hablar
con signos de admiración:
"¡Mi papá lleva un saquito
en el medio de su vientre
donde recibió un huevito
que guardó amorosamente!

24

"Ningún otro como él;
tan bueno como el que más.
Yo nací de entre su piel.
El mejor es mi papá".

Entonces se oyó una voz
que como un canto decía:
"Mi papá no me parió
ni digirió mi comida.

"Como no nací de un huevo
él no me pudo empollar.
¡Ah, pero qué papá bueno!
¡Qué papá tan especial!

"Nunca me fabricó un nido,
mas son sus brazos mi hogar,
y aunque alas no he tenido
con él aprendí a volar.